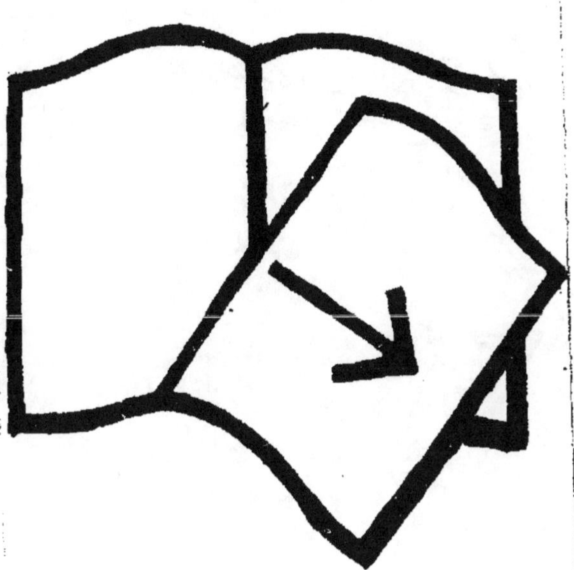

Couvertures supérieure et inférieure
manquantes

5703 ————— 43

Brauntolli

DE LA FORMULE ACTUELLE

DE

PROMULGATION DES LOIS

DE

LA DATE DES LOIS QUI EN RÉSULTE

ET DE

LEUR CONTRADICTION AVEC LES LOIS CONSTITUTIONNELLES DU 25 FÉVRIER ET DU 16 JUILLET 1875

Extrait de la *Revue générale du droit* (Janvier-Février 1877).

TOULOUSE. — IMP. A. CHAUVIN ET FILS, RUE DES SALENQUES, 28.

DE LA FORMULE ACTUELLE

DE

PROMULGATION DES LOIS

DE

LA DATE DES LOIS QUI EN RÉSULTE

ET DE

LEUR CONTRADICTION AVEC LES LOIS CONSTITUTIONNELLES DU 25 FÉVRIER ET DU 16 JUILLET 1875

Par M. Th. DUCROCQ

Professeur de Droit administratif à la Faculté de droit de Poitiers, bâtonnier de l'ordre des avocats à la Cour d'appel, président de la Société des antiquaires de l'Ouest, officier de l'Instruction publique, chevalier de la Légion d'honneur.

PARIS

ERNEST THORIN, ÉDITEUR

LIBRAIRE DU COLLÉGE DE FRANCE

DE L'ÉCOLE NORMALE SUPÉRIEURE

DES ÉCOLES FRANÇAISES D'ATHÈNES ET DE ROME

7, RUE DE MÉDICIS, 7

1877

DE LA

FORMULE ACTUELLE DE PROMULGATION DES LOIS

DE LA DATE DES LOIS QUI EN RÉSULTE

Et de leur contradiction avec les lois constitutionnelles du 25 février et du 16 juillet 1875.

———

La question de droit constitutionnel, dont nous nous proposons de faire l'examen, ne présente aucun caractère politique, bien qu'elle se rattache aux conditions même de la séparation des pouvoirs législatif et exécutif réglées par les lois constitutionnelles de 1875. Elle naît du jeu même des organes créés par ces lois, de la réglementation qui en est faite par le décret du 6 avril 1876 relatif à la formule de promulgation des lois, et de l'exécution que ce décret reçoit chaque jour après le vote d'une loi nouvelle.

Nous croyons que ce décret, cette exécution, cette pratique, ne sont pas en harmonie avec les lois constitutionnelles existantes, et qu'ils sont entachés d'une erreur qui se reproduit pour chaque loi nouvellement votée et promulguée.

Rien ne serait plus facile au gouvernement que de combler les lacunes du décret du 6 avril 1876, ou même de le compléter dans l'application qui en est faite par chaque décret de promulgation des lois. En le faisant, nous croyons qu'il se conformerait mieux au texte et à l'esprit des lois constitutionnelles de 1875, et, de notre côté, nous pensons remplir un devoir en appelant l'attention des pouvoirs publics, des publicistes et des jurisconsultes sur cette situation.

Nous n'avons pas, du reste, attendu pour le faire la publication de cette *Revue*; mais nous profitons à la fois de sa publicité et de son hospitalité pour donner plus d'étendue à notre démonstration.

Dans la cinquième édition, publiée il y a quelques mois, de notre *Cours de Droit administratif*, nous avons (tome 1er, n°s 20, 21, 39, 49 et 190), en traitant du principe. fondamental de notre droit public, de la séparation des pouvoirs, formulé les propositions suivantes : — 1° Que la promulgation des lois est un attribut du pouvoir exécutif qui suppose la loi préexistante, et n'est que son premier acte d'exécution; — 2° que les lois par suite ne doivent pas être datées de leur promulgation, mais du dernier acte du pouvoir législatif; — 3° que la date des lois doit varier en conséquence suivant les Constitutions qui règlent les opérations multiples de la confection des lois et fixent les limites respectives des deux pouvoirs législatif et exécutif; — 4° que la date des lois doit être celle de la sanction dans les Constitutions qui l'admettent au profit du pouvoir exécutif, et celle du dernier vote législatif dans les autres; — 5° qu'il résulte des lois constitutionnelles du 25 février et du 16 juillet 1875 que les lois doivent actuellement en France prendre pour date le jour du vote de la dernière assemblée appelée à les voter définitivement; — 6° qu'il est à regretter que les décrets de promulgation des lois, intervenus depuis la mise en œuvre des lois constitutionnelles, ne donnent pas cette date, et que le décret du président de la République du 6 avril 1876 réglant la formule de promulgation n'oblige pas à l'y insérer.

En fait, les décrets actuels de promulgation des lois se trouvent imposer effectivement à chaque loi promulguée leur propre date. Ils n'en donnent pas d'autre; et le décret du 6 avril 1876 ne les oblige pas à en donner une autre.

Ce décret du 6 avril 1876 est intitulé : *Décret qui règle la formule de promulgation des lois;* il est conçu comme suit :

« A l'avenir les lois sont promulguées dans la forme sui-
» vante : — Le Sénat et la Chambre des députés ont adopté, le
» président de la République promulgue la loi dont la teneur
» suit (texte de la Loi). La présente loi, délibérée et adoptée par
» le Sénat et la Chambre des députés, sera exécutée comme loi
» de l'Etat. »

Ainsi ce décret ne fait pas mention, dans la formule de promulgation, de la date du vote de la loi, soit par le Sénat, soit par la Chambre des députés.

En outre, dans la pratique, conforme du reste à ces prescriptions, les décrets de promulgation donnent la teneur pure et simple de la loi promulguée, sans indiquer aucune date des votes législatifs.

Nous reproduisons en note (1), à titre d'exemple, le décret de promulgation de la loi de 1876 relative à la nomination des maires et des adjoints, tel qu'il est inséré au *Journal officiel* du 13 août 1876 ; ce n'est qu'un exemple ; mais c'est absolument dans la même forme qu'ont été promulguées toutes les autres lois intervenues depuis la mise en vigueur des lois constitutionnelles de 1875 et le décret du 6 avril 1876.

Or que résulte-t-il de ces décrets de promulgation? C'est, d'une part, qu'ils n'indiquent pas à quel moment la puissance législative a achevé son œuvre, ce que l'on ne peut rechercher péniblement dans les innombrables colonnes du *Journal officiel* consacrées au compte rendu *in extenso* des séances de l'une et de l'autre assemblée. C'est, d'autre part, et par voie de conséquence, que ces décrets de promulgation ne donnant pas d'autre date que leur date propre, l'impriment et l'imposent à la loi elle-même.

---

(1) *Loi relative à la nomination des maires et des adjoints.*

Le Sénat et la Chambre des députés ont adopté, le président de la République promulgue la loi dont la teneur suit :

Art. 1er. Les articles 1 et 2 de la loi du 20 janvier 1874, relatifs à la nomination des maires et des adjoints, sont abrogés. — Art. 2. Provisoirement, et jusqu'au vote de la loi organique municipale, il sera procédé à la nomination des maires et adjoints, conformément aux règles suivantes : Le conseil municipal élit le maire et les adjoints parmi ses membres, au scrutin secret et à la majorité absolue. Si après deux scrutins aucun candidat n'a obtenu la majorité, il est procédé à un scrutin de ballottage entre les deux candidats qui ont obtenu le plus de suffrages. En cas d'égalité de suffrages, le plus âgé est nommé. La séance dans laquelle il est procédé à l'élection du maire est présidée par le plus âgé des membres du conseil municipal. Dans les communes chefs-lieux de département, d'arrondissement et de canton, les maires et adjoints sont nommés parmi les membres du conseil municipal, par décret du président de la République. — Art. 3. La présente loi est applicable à l'Algérie, sous réserve des dispositions du décret du 27 décembre 1866, relatives à la nomination des adjoints indigènes musulmans.

La présente loi, délibérée et adoptée par le Sénat et par la Chambre des députés, sera exécutée comme loi de l'Etat. — Fait à Versailles, le 12 août 1876.

Ainsi, pour continuer l'exemple ci-dessus, il est manifeste que le public, les citoyens, les administrés et les administrateurs, comme dans d'autres cas les justiciables et les juges, ne peuvent pas, en fait, appeler la loi relative à la nomination des maires et des adjoints autrement que la loi du 12 août 1876.

Le gouvernement l'a entendu d'ailleurs de la sorte, et dans les deux circulaires des 29 août 1876 et 12 septembre 1876 adressées par le ministre de l'intérieur aux préfets pour l'exécution de cette loi, elle est effectivement appelée « la loi du 12 août 1876. »

Cependant cette date n'est que celle du décret de promulgation, et non celle de la loi dont le dernier vote législatif est du 11 août 1876, et qui devrait être appelée la loi du 11 août 1876.

Dans l'espèce il n'y a qu'un jour d'intervalle, dans d'autres il y a plusieurs semaines ou plusieurs mois, dans la mesure des délais de promulgation.

Pourquoi faire dater d'un acte du pouvoir exécutif la loi, c'est-à-dire l'acte essentiel de la puissance législative? Est-ce une application correcte du principe de la séparation des pouvoirs et des textes constitutionnels qui le consacrent? N'est-ce pas donner à la promulgation un caractère législatif qui ne lui appartient pas? N'est-ce pas procéder, au point de vue pratique, comme si les lois constitutionnelles conféraient au pouvoir exécutif dans l'œuvre législative une participation que ces lois lui refusent en dehors de l'initiative?

Il est remarquable, en effet, que la pratique signalée, et dont nous nous permettons de contester la correction constitutionnelle, est absolument la même que celle suivie, sans remonter plus haut, sous les Chartes et Constitutions monarchiques de 1814, de 1830, et de 1852-1870. Les lois, sous ces divers régimes, recevaient la date de l'ordonnance royale ou du décret impérial qui en opérait la promulgation, comme aujourd'hui les lois reçoivent la date du décret de promulgation du président de la République. Mais ces Chartes et Constitutions donnaient formellement au chef de l'Etat, empereur ou roi, la sanction de la loi. Le même acte sanctionnait et promulguait à la fois la loi, sous cette formule consacrée : « Avons sanctionné et sanc-
» tionnons, promulgué et promulguons la loi dont la teneur

» suit. » De sorte qu'il y avait, réunies dans le même acte et dans la même phrase, la sanction et la promulgation de la loi ; elles n'en formaient pas moins deux choses distinctes ; et c'est parce que la sanction royale ou impériale parachevait constitutionnellement la loi, qu'il était alors rationnel, juridique et constitutionnel, de ne pas donner à la loi d'autre date que celle du décret ou de l'ordonnance.

Mais dans le droit de 1875, il n'en doit pas être ainsi et c'est à tort que la même règle est suivie sous un système constitutionnel différent.

En effet, l'article 3 de la loi constitutionnelle du 23 février 1875, relative à l'organisation des pouvoirs publics, refuse au président de la République la sanction des lois, et dit seulement qu' « il promulgue les lois lorsqu'elles ont été votées par les » deux chambres ».

Aussi le décret du 6 avril 1876 ne parle que de promulgation et non de sanction. Mais pourquoi le décret du pouvoir exécutif continue-t-il aujourd'hui, comme sous la Restauration, le Gouvernement de Juillet, et l'Empire, à ne pas donner d'autre date que la sienne propre ; et, par suite, à l'imprimer à la loi elle-même, bien qu'il ne soit qu'un décret de promulgation et non plus de sanction ?

Comment une différence aussi fondamentale entre les deux sortes de régimes constitutionnels, peut-elle se concilier avec une seule et même pratique dans la formule de promulgation et la date des lois qui en résulte ?

Il n'est pas besoin de rappeler que la sanction, dans les constitutions qui l'ont admise, était l'acte complémentaire de la loi qui transformait le projet en loi ; qu'à ce titre les chefs d'Etat qui étaient constitutionnellement investis de la sanction, participaient de la puissance législative ; que par ces mots de leurs décrets ou ordonnances : « Avons sanctionné et sanctionnons », ils coopéraient à la confection de la loi pour l'achever ; et que c'est pour cette cause que la loi ne pouvait pas être datée d'un vote législatif antérieur émané des assemblées.

Or, cette cause n'existe pas dans les lois constitutionnelles de 1875 ; le président de la République n'a que la promulgation des lois. La promulgation est bien, suivant l'expression de Portalis, « l'édition solennelle de la loi, le moyen de constater

» son existence et de lier le peuple à son exécution; » mais ce n'est qu'un attribut de la puissance exécutive; c'est l'acte par lequel elle rend la loi exécutoire; ce n'est que le premier acte d'exécution de la loi. Donc la loi est complète avant sa promulgation; elle existe avant sa promulgation; elle tient son existence du pouvoir législatif; et la dater de l'acte du pouvoir exécutif qui ne fait que la promulguer, c'est, en fait, contredire cette vérité constitutionnelle et paraître donner à l'exécutif, au détriment du législatif, ce droit de sanction qui lui est refusé par la Constitution.

Donc, le décret du 6 avril 1876, devrait être modifié, et la formule de promulgation des lois, pour être en harmonie avec les lois constitutionnelles de 1875, devrait contenir l'indication de la date du dernier vote législatif.

Aux termes des articles 1 § 1er et 3 § 1er de la loi constitutionnelle du 25 février 1875, 8 de la loi constitutionnelle du 24 février 1875, et 7 de la loi constitutionnelle du 16 juillet 1875, le Sénat et la Chambre des députés ont concurremment la discussion et le vote des lois. Il faut que le projet, dans les mêmes termes, soit également voté par les deux chambres. Il en résulte qu'après les modifications votées par l'une des assemblées, le projet doit revenir devant l'autre; cette circonstance, jointe à cette autre circonstance que l'initiative législative appartient à l'une et à l'autre chambre, et que le pouvoir exécutif exerce la sienne devant chacune d'elles, fait que le dernier vote législatif émane indistinctement, tantôt du Sénat, tantôt de la Chambre des députés. Dans tous les cas, la loi votée par l'une des deux assemblées n'est encore qu'à l'état de projet, non susceptible constitutionnellement d'être promulguée tant que le vote de l'autre chambre ne s'est pas produit dans les mêmes termes. Ainsi la confection de la loi n'est achevée que par le dernier vote législatif, émané tantôt de l'une, tantôt de l'autre chambre.

Donc, c'est à ce moment du dernier vote législatif que la loi existe, et qu'elle doit prendre date. Le décret de promulgation la trouve déjà faite et ne l'achève pas, contrairement à ce que ferait la sanction, et c'est pourquoi ce décret de promulgation doit faire connaître la date du dernier vote législatif qui a parachevé la loi.

Cette doctrine ne reçoit aucune atteinte du droit spécial que l'article 7 § 3 de la loi constitutionnelle du 16 juillet 1875 sur les rapports des pouvoirs publics, confère au président de la République. Cet article est ainsi conçu : « Le président de la » République promulgue les lois dans le mois qui suit la trans- » mission au gouvernement de la loi définitivement adoptée. » Il doit promulguer dans les trois jours les lois dont la pro- » mulgation, par un vote exprès dans l'une et l'autre cham- » bre, aura été déclarée urgente. Dans le délai fixé pour la » promulgation, le président de la République peut, par un » message motivé, demander aux deux chambres une nouvelle » délibération, qui ne peut être refusée. »

Ce droit attribué au président de la République de demander aux deux chambres, par un message motivé, une nouvelle déli- bération qui ne peut être refusée, n'équivaut nullement à la sanction législative des chartes et constitutions monarchiques. Il est impuissant à faire du décret de promulgation un acte lé- gislatif, de nature à parachever la loi et à imprimer sa date à l'ensemble de l'œuvre législative.

C'est, sans doute, pour le président de la République une prérogative qui a sa valeur constitutionnelle. Mais à la différence de la sanction, l'exercice de cette prérogative ne constitue pas l'une des phases, l'un des actes de la confection des lois. Au cas même où le président de la République en userait, la doctrine exposée demeure vraie. Le dernier vote législatif à intervenir serait encore bien certainement, et sans contestation possible dans ce cas, l'acte parachevant la loi et devant lui donner sa date; et cependant le décret du 6 avril 1876 ne fait nulle excep- tion pour cette hypothèse. Ce décret est général et s'applique dans tous les cas, imposant à toute loi, au cas de l'application de l'article 7 § 3 susvisé, comme aux autres, la même formule de promulgation et par suite la date du décret de promul- gation.

Cette observation montre bien que ce décret du 6 avril 1876 et la pratique qu'il provoque, n'ont pas pour raison d'être et pour justification cette prérogative du pouvoir exécutif; car, lorsque cette prérogative a été exercée, le texte de l'article 7, qui ne permet pas alors au président de la République de demander une troisième délibération, enlèverait au décret du 6 avril 1876 et à cette pratique le prétexte indiqué; une distinction au moins eût été nécessaire, et ce décret ne l'a pas faite.

Il n'y en avait pas à faire; dans toutes les hypothèses le décret est critiquable. Dans un cas comme dans l'autre, ce n'est pas son œuvre que promulgue le pouvoir exécutif en promulguant la loi, c'est l'œuvre du pouvoir législatif; il doit donc, en outre de la date de son propre décret de promulgation, donner, dans la formule de promulgation, la date du dernier vote législatif qui seul peut donner à la loi sa date constitutionnelle.

Nous savons qu'il convient de n'établir qu'avec une grande réserve des analogies entre les règles du droit civil et les institutions de droit public. Toutefois, avec cette réserve, nous pouvons dire que la loi votée par les deux chambres est soumise, pendant les délais de promulgation, non à une condition suspensive, mais à une sorte de condition résolutoire, qui n'empêche pas la loi d'exister du jour du dernier vote législatif, si le président de la République n'use pas de son droit de demander une nouvelle délibération.

Ce n'est pas la première fois, d'ailleurs, qu'une prérogative identique à celle écrite dans l'article 7 de la loi constitutionnelle du 16 juillet 1875 a été donnée en France à un chef d'Etat républicain, à qui la Constitution du pays refusait également la sanction.

L'article 58 de la Constitution du 4 novembre 1848 disposait également que « dans le délai fixé pour la promulgation, le » président de la République pouvait, par un message motivé, » demander une nouvelle délibération ». Ce texte est l'origine directe de l'article 7 § 3 de la loi constitutionnelle de 1875. Il est donc rationnel de rechercher quelle interprétation et quelle application il a reçues, en 1849, 1850 et 1851, et de dire que dans la Constitution de 1875 cette disposition de la Constitution de 1848 doit être interprétée et appliquée de la même manière.

Or cette disposition a reçu de 1848 à 1852, dans la formule de publication des lois, une exécution qui donne satisfaction entière à notre doctrine.

On sait que la Constitution de 1848, non imitée sous ce rapport par celle de 1875, avait admis deux sortes de promulgation des lois, la première (art. 56) par le président de la République, la seconde (art. 59) par le président de l'Assemblée nationale à défaut de promulgation par le président de la République dans les délais déterminés. La question est la même dans les deux cas ; la formule de promulgation, dans un cas comme dans l'autre, supprimait-elle, en raison de l'article 58 (passé dans l'article 7 de la loi du 16 juillet 1875), la date de l'œuvre du pouvoir législatif, pour y substituer celle de l'acte de promulgation ?

Il suffit d'ouvrir un volume du *Bulletin des Lois* de cette époque, pour s'assurer que jamais il n'en a été ainsi. Qu'il s'agisse des lois normalement promulguées par le président de la République aux termes de l'article 56, ou de lois promulguées exceptionnellement par le président de l'Assemblée nationale aux termes de l'article 59 de la Constitution de 1848, la date des votes législatifs est toujours scrupuleusement indiquée.

La formule normale est la suivante : « L'Assemblée nationale » a adopté la loi dont la teneur suit (texte de la loi, suivi de la » date des votes). La présente loi sera promulguée et scellée du » sceau de l'Etat. » — Le président de la République : sa signature avec le contre-seing ministériel.

C'est la formule générale dont sont revêtues les lois de cette époque; voyez par exemple la loi sur l'enseignement (premier semestre de 1850, n° 246, page 285 du *Bulletin des Lois*), la loi relative à l'assainissement des logements insalubres (n° 252, page 413), la loi relative au timbre des effets de commerce, etc. (n° 273), etc., etc.

Il y a plus, et dans tous ces actes de promulgation des lois, accomplis en vertu de celles des prescriptions de la Constitution de 1848 qui sont reproduites par les lois constitutionnelles de 1875, on est frappé de ces deux circonstances : — 1° la formule de promulgation, loin de supprimer les dates législatives, donne même la date de tous les votes dont la loi a été l'objet en première, seconde et troisième lectures ; — 2° loin de se substituer aux dates législatives, l'acte de promulgation du président de la République n'est pas même daté.

Il ne nous paraît pas y avoir lieu d'en réclamer autant pour l'exécution intégrale des lois constitutionnelles de 1875. D'une part, il est logique que la promulgation s'opère par un décret et que ce décret porte naturellement la date du jour où il intervient. D'autre part, il n'est pas nécessaire d'indiquer la date de toutes les lectures d'une loi ; les trois dates des lois de 1848 à 1852 sont une cause d'embarras ; il suffisait d'indiquer la dernière, puisque ce n'est que par elle que la loi cessait d'être à l'état de projet. La différence de système entre l'unité et la dualité d'assemblées législatives, qui différencie les Constitutions de 1848 et de 1875, ne touche en rien à la question. Nous ne demandons pas que l'on indique tous les votes du Sénat et de la Chambre des députés ; mais seulement le dernier vote législatif quel que soit l'assemblée dont il émane, parce que c'est le dernier acte de l'œuvre législative promulguée par le pouvoir exécutif.

Nous ne nous flattons pas de parler d'assez haut pour faire entendre ce rappel aux principes, à l'esprit et au texte même de la loi constitutionnelle en vigueur. Nous remplissons notre tâche d'interprète scrupuleux des lois en l'indiquant.

OUVRAGES DU MÊME AUTEUR.

I. — DROIT ADMINISTRATIF ET ÉCONOMIE POLITIQUE.

Cours de Droit administratif contenant l'exposé et le commentaire de la législation administrative dans son dernier état, avec la reproduction des principaux textes, dans un ordre méthodique. 5e édition ; 1877. 2 très-forts vol. in-8°.   18 fr.

Traités des édifices publics d'après la législation civile, administrative et criminelle ; **des ventes domaniales** avant et depuis la loi du 1er juin 1864, qui règle l'aliénation des biens du domaine de l'Etat ; **des partages de biens communaux et sectionnaires.** Un volume in-8°, avec tables générales, et l'Eloge de Foucart ; 1865.

De la Monnaie au point de vue de l'économie politique et du droit, et **du Service monétaire de la France** comparé à celui des principaux Etats européens ; 1865.

Des Eglises et autres édifices du culte catholique ; 1866.

Des Expropriants et du droit de poursuite appartenant à chacun d'eux ; 1866.

Théorie de l'extradition ; 1867.

Le Conseil d'Etat et son histoire ; 1867.

La Cour des Comptes et son histoire ; 1867.

Rapports à la Société des antiquaires de l'Ouest pour sa reconnaissance comme établissement d'utilité publique (*Bulletins de la Société*, 1875, 3e trimestre).

II. — DROIT CIVIL.

Théorie des Fautes dans les contrats, quasi-contrats, délits et quasi-délits, en droit romain et en droit français (Thèse de doctorat) ; 1854.

III. — NUMISMATIQUE.

(Extraits des Mémoires et Bulletins de la *Société des antiquaires de l'Ouest.*)

Le Trésor de Vernon (monnaies romaines consulaires et monnaies gauloises) ; 1874.

Le Sesterce et l'Histoire de sa fabrication dans le monnayage romain, à propos du Sesterce du trésor de Vernon ; 1875.

Note sur un dépôt de 3700 petits bronzes frappés sous le règne de Constantin, trouvé à Pinçay près Monts (Vienne), en 1876.

Observations sur le monnayage anglo-français de l'Aquitaine, dans les ateliers de Bordeaux et de Poitiers, et dans l'atelier probable de Périgueux ; 1876.

Note sur de nouvelles fouilles faites à Vernon (Vienne) ; 1877.